Días de alegría

Lada Josefa Kratky

Ilustrado con fotos

HAMPTON-BROWN BOOKS
FOR BILINGUAL EDUCATION

Quien sabe dos lenguas vale por dos.®

¡Es un día de alegría!
Todos bailan y bailan.

¡Es un día de alegría!
Todos cantan y cantan.

¡Es un día de alegría!
Todos se dan regalos.

¡Es un día de alegría!
Todos prenden velas.

¡Es un día de alegría!
Todos comen de todo.

¡Es un día de alegría!
¡Ven a la fiesta!